Gaurav Paliwal

Sistema de Recomendação Web Baseado no Histórico de Pesquisas dos Utilizadores

Gaurav Paliwal

Sistema de Recomendação Web Baseado no Histórico de Pesquisas dos Utilizadores

ScienciaScripts

Cover image: www.ingimage.com

This book is a translation from the original published under ISBN 978-620-2-31133-5.

Publisher:
Sciencia Scripts
is a trademark of
Dodo Books Indian Ocean Ltd. and OmniScriptum S.R.L publishing group

120 High Road, East Finchley, London, N2 9ED, United Kingdom
Str. Armeneasca 28/1, office 1, Chisinau MD-2012, Republic of Moldova, Europe
Managing Directors: Ieva Konstantinova, Victoria Ursu
info@omniscriptum.com

Printed at: see last page
ISBN: 978-620-8-37749-6

Conteúdo

RESUMO

SISTEMA DE RECOMENDAÇÃO WEB BASEADO NO HISTÓRICO DE PESQUISA DOS UTILIZADORES

Atualmente, a maioria dos sistemas de recomendação disponíveis utiliza a abordagem de filtragem colaborativa. Este tipo de sistemas de recomendação assume que se dois utilizadores demonstraram interesse semelhante no mesmo conjunto de conteúdos, podem mostrar um padrão de interesse semelhante na escolha de conteúdos futuros. No entanto, pode acontecer que os utilizadores que têm determinados gostos por uma categoria específica de conteúdos se comportem de forma diferente na escolha de conteúdos de outras categorias. Além disso, as abordagens de filtragem colaborativa não funcionam eficientemente com conjuntos de dados esparsos, onde há um pequeno número de conteúdos ou um número limitado de utilizadores nas categorias de conteúdos. Para ultrapassar todos estes problemas, é utilizada uma nova abordagem de recomendação de conteúdos em diferentes categorias, considerando tanto a informação semântica dos conteúdos como os interesses dos utilizadores. Esta abordagem utiliza dados ligados como fonte para encontrar a semântica adequada dos conteúdos extraídos do histórico de visualizações dos utilizadores. Os conceitos semânticos recuperados para os conteúdos são depois agrupados em clusters semânticos com base na sua semelhança e relevância. Esta abordagem recomenda conteúdos potencialmente interessantes a utilizadores gerais com base nas tendências de consumo de conteúdos monitorizadas a partir dos principais grupos de utilizadores que consomem conteúdos de forma mais proactiva e frequente.

Capítulo 1

Introdução

À medida que o número e os tipos de conteúdos da Web, incluindo documentos, conteúdos multimédia e serviços Web, aumentam, a recomendação personalizada desempenha um papel importante na satisfação das necessidades de informação dos utilizadores na Web. Sítios Web famosos, como a Amazon e a Netflix, conseguiram melhorar as suas vendas utilizando técnicas de recomendação personalizada [1]. A maioria destes sistemas de recomendação comerciais são implementados com base na filtragem colaborativa (Collaborative Filtering - CF), que é o método de considerar as preferências de vários utilizadores de forma colectiva.

O FC parte do princípio de que, se dois utilizadores tiverem demonstrado um interesse semelhante pelo mesmo conjunto de conteúdos, podem apresentar um padrão de interesse semelhante na escolha de conteúdos futuros. O FC pode recomendar conteúdos potencialmente interessantes para os utilizadores através da exploração dos padrões de consumo de conteúdos dos utilizadores [2]. Uma vez que o FC se baseia apenas no comportamento dos utilizadores na escolha de conteúdos, sem considerar a informação sobre o conteúdo, tem a limitação de recomendar conteúdos em diferentes categorias de conteúdos [3]. Por exemplo, dois utilizadores que gostem do mesmo tipo de filme podem ter preferências diferentes na escolha de conteúdos de programas de televisão. Neste caso, o FC pode não conseguir recomendar aos utilizadores conteúdos apropriados na categoria de drama televisivo. Além disso, as abordagens de recomendação baseadas em CF têm o problema da escassez de dados. No caso de existirem vários tipos de conteúdos, as abordagens de recomendação baseadas em FC só são eficazes quando recomendam conteúdos de categorias de conteúdos populares e bem conhecidas e não de categorias onde existe um pequeno número de conteúdos ou um número limitado de utilizadores [4].

Para lidar com estes problemas, foi desenvolvida uma nova abordagem de recomendação de conteúdos em diferentes categorias, considerando tanto a informação semântica dos conteúdos como os interesses dos utilizadores. A abordagem proposta utiliza Linked Datal como fonte para encontrar a semântica adequada dos conteúdos extraídos do histórico de visualizações dos utilizadores. Os dados ligados contêm mais de 28 mil milhões de triplas RDF de 203 conjuntos de dados diferentes que são independentes do domínio [11]. Em especial, utiliza os conjuntos de dados DBpedia e Freebase como bases de conhecimento primárias. Além disso, o conjunto de dados Linked Movie Database é utilizado para obter informações semânticas sobre as categorias de conteúdo. Nesta abordagem, os conceitos obtidos a partir destas fontes são agrupados em clusters semânticos com base na sua semelhança e relevância. Neste modelo, um cluster semântico é definido como um grupo de termos semanticamente relevantes e as relações entre eles que representam a semântica essencial de uma área temática[9].

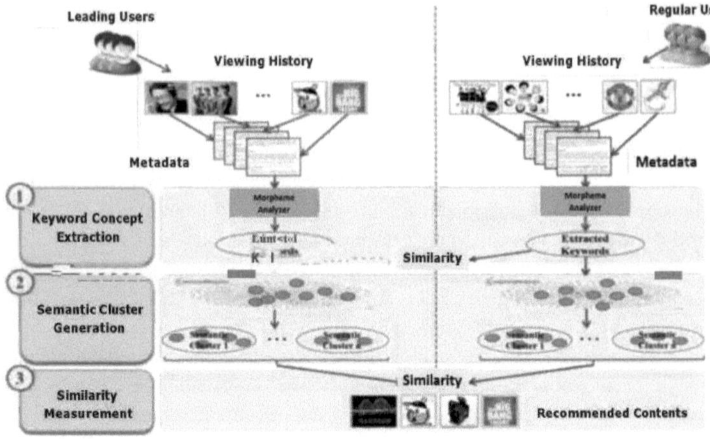

Figura 1.1: Arquitetura do sistema

1.1 Necessidade do novo sistema

A maioria destes sistemas de recomendação comerciais são implementados com base na filtragem colaborativa (Collaborative Filtering - CF), que é o método de considerar as preferências de vários utilizadores de uma forma colectiva. A FC pressupõe que, se dois utilizadores tiverem demonstrado um interesse semelhante pelo mesmo conjunto de conteúdos, podem apresentar um padrão de interesse semelhante na escolha de conteúdos futuros. O FC pode recomendar conteúdos potencialmente interessantes para os utilizadores através da exploração dos padrões de consumo de conteúdos dos utilizadores [2].

Uma vez que o FC se baseia apenas no comportamento dos utilizadores na escolha de conteúdos sem ter em conta a informação sobre o conteúdo, tem a limitação de recomendar conteúdos em diferentes categorias de conteúdo [3].

Por exemplo, dois utilizadores que gostem do mesmo tipo de filme podem ter preferências diferentes na escolha de conteúdos de drama televisivo. Neste caso, a FC pode não conseguir recomendar aos utilizadores conteúdos adequados na categoria de drama televisivo. Além disso, as abordagens de recomendação baseadas em CF têm o problema da escassez de dados. No caso de existirem vários tipos de conteúdos, as abordagens de recomendação baseadas em FC só são eficazes quando recomendam conteúdos de categorias de conteúdos populares e bem conhecidas e não de categorias onde existe um pequeno número de conteúdos ou um número limitado de utilizadores [4]. Por conseguinte, é necessário um novo sistema que possa ultrapassar estes problemas.

1.2 Definição pormenorizada do problema

Os conteúdos da Web, incluindo conteúdos multimédia, serviços Web e documentos, a recomendação personalizada da Web desempenha um papel importante na satisfação das necessidades de informação dos utilizadores na Web. A maioria dos sistemas de recomendação comerciais são implementados com base na filtragem colaborativa [FC], que é o método de considerar as preferências de vários utilizadores de forma colectiva. No entanto, a abordagem CF tem uma série de desvantagens. As abordagens de recomendação baseadas na FC têm o problema da escassez de dados. Baseia-se apenas no comportamento dos utilizadores na escolha de conteúdos, sem ter em conta a informação sobre o conteúdo, e tem a limitação de recomendar conteúdos em diferentes categorias de conteúdo. O sistema de recomendação Web baseado no histórico de pesquisa dos utilizadores baseia-se nos grupos semânticos do histórico de pesquisa.

1.3 Sistemas atualmente disponíveis para o sarne

1 O SoRec [15] propõe um sistema de recomendação que utiliza a factorização matricial tendo em conta a informação da rede social. A intuição desta abordagem é que a rede social de um utilizador pode afetar o seu comportamento de consumo de itens. Nesta abordagem, é atribuído um valor de peso elevado às relações de confiança entre os utilizadores na rede social.

2. MC oC [16] propõe um método de co-clustering multiclasse para encontrar subgrupos significativos de itens de utilizadores. A informação dos subgrupos é utilizada através da aplicação da filtragem colaborativa para agrupar utilizadores e itens em grupos de contexto semelhante.

3. TopRec [17] propõe um sistema de recomendação de mineração de tópicos da comunidade. Em primeiro lugar, descobrem utilizadores activos em grupos de tópicos, representando os utilizadores como uma distribuição de probabilidades sobre tópicos. Em seguida, fornece informações de classificação de peritos como conhecimento prévio do modelo probabilístico para alinhamento de tópicos. Além disso, inclui informação da rede social no modelo de tópicos para considerar a semelhança entre os utilizadores. Depois disso, aplica a factorização matricial probabilística em diferentes domínios, considerando os seus interesses de domínio. A seleção do utilizador ativo de cada domínio pode aumentar a eficiência do agrupamento de utilizadores num domínio específico.

1.4 Módulos do sistema

1.4.1 Carregar dados ligados

Neste módulo, é carregado o conjunto de dados ligados. Com efeito, a abordagem proposta utiliza os dados ligados como fonte para encontrar a semântica adequada dos conteúdos extraídos do histórico de visualizações dos utilizadores.

1.4.2 Extração de conceitos de palavras-chave

A partir do histórico de visualizações, o sistema começa por identificar os principais utilizadores que consumiram intensamente vários conteúdos durante um determinado período de tempo. Conta principalmente o número de conteúdos diferentes (palavra-chave Conceito) que consumiram durante esse período. Em seguida, identifica os utilizadores não líderes que consumiram intensamente vários conteúdos durante um determinado período de tempo. Mais uma vez, conta o número de conteúdos diferentes que consumiram durante esse período.

1.4.3 Geração de clusters semânticos

Neste módulo, para cada utilizador principal, é gerado um cluster semântico que representa a sua preferência no consumo dos conteúdos.

O sistema acede aos dados ligados para obter conceitos semânticos relacionados com os conteúdos que os utilizadores principais consumiram. Assim que tiver todos os clusters semânticos gerados para os utilizadores principais, agrupa-os com base na semelhança entre clusters semânticos. Esses grupos são designados por grupos de utilizadores principais.

Para cada utilizador geral (utilizador não líder), também gera um grupo semântico com base nos conteúdos que consumiu. Em seguida, classifica os utilizadores gerais nos grupos de utilizadores principais com base na semelhança entre os grupos semânticos dos grupos de utilizadores principais e os dos utilizadores gerais. Um utilizador geral pode ser classificado em vários grupos de utilizadores principais.

1.4.4 Medição de similaridade

O passo seguinte é descobrir a diferença entre os conteúdos que são consumidos por um grupo de utilizadores principais e os conteúdos que são consumidos por cada um dos utilizadores gerais classificados no grupo.

Uma lista de conteúdos que são consumidos pelo grupo de utilizadores principais, mas que não foram consumidos por um utilizador geral do grupo, será recomendada ao utilizador geral como conteúdo potencialmente interessante.

A singularidade da abordagem de recomendação proposta reside na utilização de clusters semânticos em vez de palavras-chave para medir a semelhança de tópicos entre utilizadores.

1.5 Desvantagens dos sistemas disponíveis

1. A principal desvantagem é o facto de os sistemas de FC não poderem produzir recomendações se não existirem classificações disponíveis.
2. Demonstram uma fraca precisão quando há poucos dados sobre as classificações dos utilizadores. Esta desvantagem e a anterior são designadas por problema de arranque a frio.
3. Outra desvantagem principal é o facto de os sistemas de FC não terem consciência do conteúdo, o que significa que as informações sobre os itens não são tidas em conta quando produzem recomendações.
4. Muitos dos algoritmos de FC existentes funcionam lentamente com uma enorme quantidade de dados. Foram descobertas várias técnicas, como o agrupamento e a paralelização, para ultrapassar o problema.
5. Falta de difusão heterófila, em que os indivíduos procuram recomendações de pares mais avançados do que eles.

1.6 Vantagens do sistema proposto

1. O sistema de recomendação baseado em clusters semânticos pode ultrapassar o problema da escassez de dados da abordagem baseada na filtragem colaborativa.

2. Proporcionam uma elevada exatidão.
3. O processamento deste método é muito mais rápido do que a abordagem tradicional baseada na filtragem colaborativa.

Capítulo 2

Análise de requisitos

2.1 Método utilizado para a análise de requisitos

A análise de requisitos, também designada por engenharia de requisitos, é o processo de determinar as expectativas dos utilizadores em relação a um produto novo ou modificado. Estas caraterísticas, designadas por requisitos, devem ser quantificáveis, pertinentes e pormenorizadas. Na engenharia de software, estes requisitos são frequentemente designados por especificação funcional. A análise de requisitos é um aspeto importante da gestão de projectos.

A análise dos requisitos envolve a comunicação frequente com o utilizador do sistema para determinar as caraterísticas específicas comunicação com o utilizador do sistema para determinar as caraterísticas específicas esperadas, a resolução de conflitos ou ambiguidades nos requisitos exigidos pelos vários utilizadores ou grupos de utilizadores evitar o desfasamento das caraterísticas e a documentação de todos os aspectos do processo de desenvolvimento do projeto, do início ao fim a energia deve ser orientada para garantir que o sistema ou os produtos finais estão em conformidade com as necessidades do cliente, em vez de tentar moldar as expectativas do utilizador para as satisfazer.

A análise de requisitos é um trabalho de equipa que exige uma combinação de conhecimentos de engenharia de hardware, software e factores humanos, bem como competências para lidar com pessoas. Conceptualmente, a análise de requisitos inclui três tipos de categorias: a compreensão dos requisitos do utilizador é uma parte integrante da conceção do sistema de informação e é fundamental para o êxito do sistema interativo; hoje em dia, é amplamente reconhecido que o êxito de um sistema e de um produto começa com a compreensão das necessidades e dos requisitos do utilizador, tal como especificado na norma ISO 13407 (ISO, 1999); a conceção centrada no utilizador começa com a compreensão das necessidades e dos requisitos do utilizador. As vantagens podem incluir o aumento da produtividade, a melhoria da qualidade do trabalho, a redução dos custos de apoio e de formação e a melhoria da satisfação do utilizador. A análise das necessidades não é um processo simples.

lAtender a situações organizacionais complexas com muitos utilizadores.

2. Os utilizadores e os designers pensam de acordo com o linux tradicional, reflectindo o sistema e o processo actuais em vez de serem inovadores.

3. Os utilizadores não sabem antecipadamente o que pretendem do futuro sistema.

4. Ciclo de desenvolvimento rápido, reduzindo o tempo disponível para a análise das necessidades dos utilizadores.

5. Representar as necessidades dos utilizadores de forma adequada.

Esta secção analisa a forma como este problema pode ser resolvido através da seleção de um método adequado para apoiar o processo de geração e validação dos requisitos do utilizador. Descreve-se brevemente cada método e mostra-se o seu contributo para o processo de requisitos.

A base para a aplicação de diferentes métodos de satisfação das necessidades dos utilizadores é um processo simples, como mostra a figura abaixo, que inclui 4 elementos.

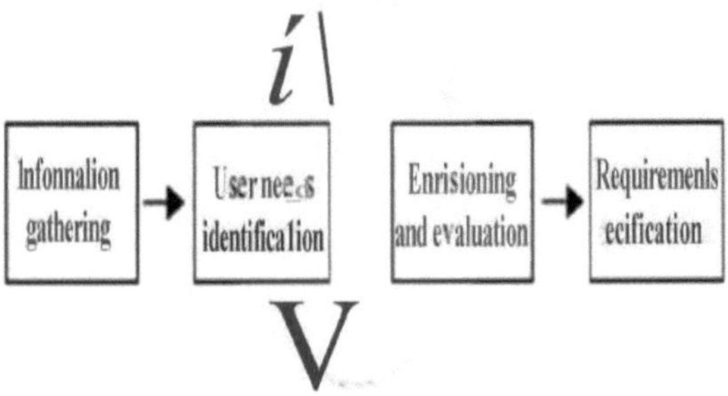

Figura 2.1: Processo geral de análise das necessidades dos utilizadores

1. Obtenção de requisitos

A tarefa de comunicar com o cliente e os utilizadores para determinar quais são os seus requisitos é também por vezes designada por recolha de requisitos.

2 Análise das necessidades

Determinar se os requisitos iniciados são pouco claros, incompletos, ambíguos ou contraditórios e, em seguida, resolver estes problemas.

3. Requisito de registo

Podem ser documentos de várias formas, como documentos em linguagem natural, casos de utilização, histórias de utilização ou especificações do produto.

A análise dos requisitos pode ser um processo longo e moroso durante o qual estão envolvidas muitas competências psicológicas delicadas. Os novos sistemas alteram o ambiente e as relações entre as pessoas. É importante identificar todas as partes interessadas, ter em conta todas as suas necessidades e compreender as implicações do novo sistema. A análise pode utilizar várias técnicas para obter as necessidades do cliente.

2.2 Requisitos de dados

O histórico de navegação na Web refere-se à lista de páginas Web que um utilizador visitou recentemente e aos dados associados, como o título da página e a hora da visita, que são registados pelo software de navegação na Web como padrão durante um determinado período de tempo. O software de navegação na Web faz isto para fornecer ao utilizador um botão de retrocesso e uma lista do histórico para voltar às páginas que visitou anteriormente, bem como para apresentar as ligações visitadas, em vez de depender do utilizador para se lembrar onde esteve na Web. Para além do próprio software do navegador Web, os serviços de terceiros também podem registar os utilizadores.

O histórico de navegação na Web, por exemplo, no histórico da Web do Google, os cliques dos utilizadores registados são registados e armazenados em históricos de utilizadores individuais, cada um dos quais pode ser navegado e pesquisado por esse utilizador.

Se o utilizador instalar a Barra de ferramentas do Google, todas as páginas que o utilizador visitar enquanto estiver ligado ao Google nesse computador também poderão ser registadas. Uma potencial vantagem para o utilizador é a possibilidade de rever e pesquisar todo o seu histórico de navegação na Web em qualquer computador, mas isto pode ter implicações na privacidade.

2.3 Requisitos funcionais

Os requisitos funcionais do sistema são

- Este sistema deve registar o histórico de pesquisa dos vários utilizadores.
- Estes dados registados devem ser utilizados para conhecer os interesses dos utilizadores.
- Deve identificar os utilizadores como utilizadores principais e utilizadores regulares.
- A recomendação deve ser feita de forma a que os conteúdos visualizados pelos utilizadores principais sejam recomendados aos utilizadores regulares.

2.4 Especificação do sistema

A especificação do sistema requer as seguintes peças:

Especificação do hardware

- Tipo de processador: Mínimo Pentium IV
- Velocidade : Mínimo 2.4 GHZ
- RAM : Mínimo 256 MB
- Disco rígido: 20 GB

Requisitos de software

- Sistema operativo: Windows 7/8/10
- Pacote de programação: Net Beans 8.0
- Linguagem de codificação: JDK 1.7
- Base de dados : MySql

Capítulo 3

Planeamento e programação

O objetivo é estabelecer uma estratégia programática para controlar, acompanhar e monitorizar um projeto técnico complexo. O objetivo do planeamento é garantir que o resultado final seja atempado, dentro do orçamento e apresente qualidade.[1] O planeamento do projeto deve tratar de

1. Complexidade do projeto: A complexidade do projeto tem um forte efeito, mas é fortemente influenciada pela experiência anterior do profissional.

2. Tamanho do projeto: À medida que o tamanho aumenta, as interdependências dos elementos também aumentam.

3. O grau de incerteza: O grau de solidificação dos requisitos e a facilidade de decomposição das funções. O plano fornece a base para o controlo sem esse plano não há base para determinar quando ocorrem desvios e não há base para qualquer ação corretiva.

4. Programação: Avaliação do programa e técnica de revisão, e método do caminho crítico que determina.

3.1 Planeamento do projeto

O planeamento do projeto faz parte da gestão de projectos, que está relacionada com a utilização de calendários, como os diagramas de Gantt, para planear e, subsequentemente, comunicar o progresso no ambiente do projeto. Inicialmente, é definido o âmbito do projeto e são determinados os métodos adequados para a sua conclusão. A seguir a este passo, as durações das várias tarefas necessárias para completar o trabalho são listadas e agrupadas numa estrutura de repartição do trabalho. O planeamento do projeto é frequentemente utilizado para organizar diferentes áreas de um projeto, incluindo planos de projeto, cargas de trabalho e a gestão de equipas e indivíduos. As dependências lógicas entre as tarefas são definidas através de um diagrama de rede de actividades que permite identificar o caminho crítico.

O planeamento de projectos é inerentemente incerto, uma vez que tem de ser feito antes de o projeto ser efetivamente iniciado. Por conseguinte, a duração das tarefas é frequentemente estimada através de uma média ponderada de casos optimistas, normais e pessimistas. O método da cadeia crítica acrescenta "amortecedores" no planeamento para antecipar potenciais atrasos na execução do projeto. O tempo livre ou de folga no calendário pode ser calculado utilizando um software de gestão de projectos. Em seguida, os recursos necessários podem ser estimados e os custos de cada atividade podem ser atribuídos a cada recurso, obtendo-se o custo total do projeto. Nesta fase, o calendário do projeto pode ser optimizado para alcançar o equilíbrio adequado entre a utilização de recursos e a duração do projeto, de modo a cumprir os objectivos do projeto. Uma vez estabelecido e acordado, o calendário do projeto passa a ser o chamado calendário de referência. O progresso será medido em relação ao calendário de referência ao longo da vida do projeto. A análise do progresso em relação ao calendário de base é conhecida como gestão do valor acrescentado. As entradas da fase de planeamento do projeto incluem a carta do projeto e a proposta concetual. Os resultados da fase de planeamento do projeto incluem os requisitos do projeto, o calendário do projeto e o plano de gestão do projeto,[l]

Inicialmente, reunimos os requisitos do nosso projeto como os dados da nuvem, sob a forma de imagens, vídeos, áudios, etc. Em seguida, para conceber o sistema pretendido, aplicamos os algoritmos de extração paralela a esses dados utilizando o modelo de programação Map Reduce, que lê os dados de entrada da base de dados e os envia para uma instância individual do mapeador para processamento posterior. Uma instância mapeadora processa uma parte dos dados e gera um par chave-valor. No resultado da função de mapeamento, é efectuada uma ordenação dos dados de entrada e, após a ordenação, os dados são baralhados utilizando o campo Key name para os agrupar. Como resultado, encontraremos conjuntos de itens frequentes. No resultado da função de ordenação e baralhamento, efectuamos o processo de redução no conjunto de itens frequentes. Aqui, os vários pares de valores-chave são combinados e enviados para o redutor, que processa estas partes e dá o resultado. E para garantir a funcionalidade, aplicaremos os testes adequados.

No planeamento do projeto, primeiro é descrito o âmbito do projeto. Sem compreender o âmbito do projeto, não é possível chegar ao destino. Envolvemos o cliente na atividade de planeamento, ou seja, o cliente pode definir prioridades para a funcionalidade, o que pode ajudar no planeamento adequado da conceção do projeto. Para realizar um projeto de software bem sucedido, temos de compreender:

- Âmbito dos trabalhos a efetuar.

- Risco a incorrer.

- Tarefas a realizar.

- Custo previsível.

- Horários a respeitar.

3.2 Programação do projeto

A programação de projectos divide o projeto em tarefas. Também ajuda a estimar o tempo e os recursos necessários para concluir cada tarefa e organiza as tarefas em simultâneo para otimizar a utilização da força de trabalho. A partir desta calendarização do projeto, compreendemos a importância da calendarização do projeto e a relação entre a estimativa dos recursos.

Estimar o tempo de calendário necessário para completar cada tarefa, o esforço necessário e quem irá trabalhar nas tarefas que foram identificadas. Também temos de estimar

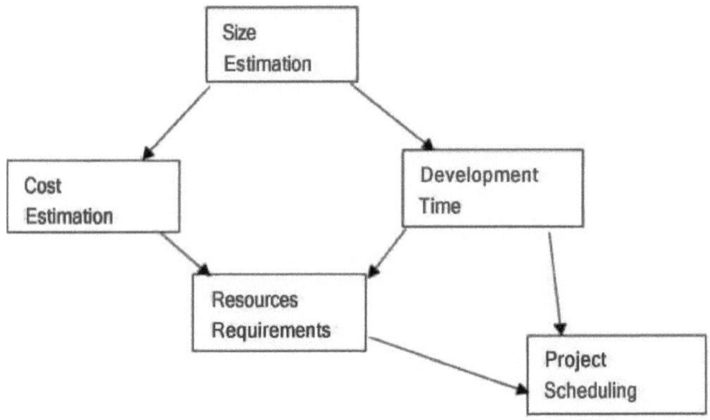

Figura 3.1: Actividades durante o Planeamento do Projeto de Software

os recursos necessários para completar cada tarefa, como os dados a serem analisados. O planeamento de um projeto orientado por planos envolve a divisão do trabalho total envolvido num projeto em tarefas separadas e a estimativa do tempo necessário para concluir cada tarefa.

1. Análise de custos

2. Esforço

3.2.1 Estimativa do custo

Os principais componentes de custo incluem:

- Custo de hardware e software

- Custo dos esforços

3.2.2 Estimativa dos esforços

O esforço do programador para desenvolver software é calculado através de várias técnicas, tais como

- Atrasar a estimativa até ao final do projeto.

- Basear a estimativa em projectos semelhantes já concluídos.

- Utilizar uma técnica de decomposição relativamente simples para gerar o custo do projeto e estimar os esforços.

- Utilizar um ou mais modelos empíricos. Para estimar o esforço utilizamos o modelo de estimativa, que fornece uma fórmula através da qual podemos calcular o esforço individual de cada programador.

3.3 Avaliações de risco

Antes de embarcar no projeto, é necessário rever todos os riscos que possam estar envolvidos no mesmo. Estes riscos foram documentados antes do início da codificação do projeto. A maioria dos componentes de risco está nas categorias:

1. Risco de desempenho: A execução do nosso projeto é mais rápida, o que reduz o risco de desempenho, pois calcula os dados muito rapidamente.

2. Risco de custo: O nosso projeto pode ser implementado uma única vez, o que reduz o seu custo, uma vez que não é necessário efetuar a implementação repetidamente.

3. Risco de suporte: O nosso projeto pode ser executado em <levice, é portátil, o que faz com que o risco de suporte desapareça.

4. Risco de calendário: De acordo com o diagrama de Gantt mencionado acima, o nosso projeto será concluído a tempo e de acordo com o calendário mencionado.

3.3.1 Identificação dos riscos

1. Gerenciamento de informações e eventos de segurança (SIEM): Analisar e correlacionar grandes quantidades de dados em tempo real de <levices> de rede e segurança para gerir ameaças de segurança externas e internas, melhorar o tempo de resposta a incidentes e os relatórios de conformidade.

2. Monitorização do registo de aplicações: Melhorar a análise dos dados do registo de aplicações para gerir melhor a utilização dos recursos do sistema, as questões de segurança e diagnosticar e antecipar os problemas das aplicações de produção.

3. Deteção de intrusão na rede: Monitorizar e analisar o tráfego da rede para detetar, identificar e comunicar actividades suspeitas ou intrusos.

4. Deteção de fraudes: Utilizar o reconhecimento de padrões/anomalias em grandes volumes e variedade de dados para detetar e prevenir actividades fraudulentas por partes externas ou internas.

5. Modelação do risco: Melhorar a avaliação do risco e a pontuação associada através da criação de modelos sofisticados de aprendizagem automática na Nuvem que podem ter em conta centenas ou mesmo milhares de indicadores.

Alguns tipos de riscos são os seguintes:

Risco do projeto

O calendário do projeto é um deslizamento limitado e o custo do seu software irá aumentar. Os riscos do projeto identificam os potenciais riscos orçamentais, de calendário, pessoais, de recursos e de requisitos do cliente.

Risco técnico

Os riscos técnicos identificam problemas de conceção e de execução. Os riscos técnicos do nosso projeto são:

- Inexperiência em linguagem de programação e ambiente de software.
- Falha de software.
- Saída incorrecta.
- Problema de rede.

Risco de mercado

Como o valor de mercado do nosso projeto pode diminuir, qualquer outro software com mais algumas funcionalidades pode entrar no mercado dentro da mesma gama de preços.

- Os requisitos de hardware não podem ser satisfeitos a tempo.

Risco orçamental

Como o nosso projeto não é desenvolvido dentro do custo estimado, devido ao aumento do tempo necessário para desenvolver o software e à flutuação do custo dos recursos utilizados.

- Se a condição prevista no contrato para aumentar o prazo de entrega do projeto se verificar, o orçamento do projeto aumentará.

Análise de risco

Os riscos do projeto podem ser analisados dentro dos limites do tempo e da qualidade.

3.3.2 Gestão dos riscos

O diagrama seguinte mostra como ocorre a probabilidade do risco:
A gestão do risco é muito complicada e tem de ser feita com muita preocupação, porque os factores de risco afectam todo o sistema. A análise da gestão do risco é a seguinte:

1. Fácil ingestão de dados: Copiar dados de e para o cluster do Cloud é tão simples quanto copiar dados para um sistema de arquivos padrão usando o Diret Access NFS. As aplicações podem, portanto, ingerir dados no cluster Cloud em tempo real, sem áreas de preparação ou clusters separados apenas para ingerir dados.

2. As aplicações existentes funcionam: Devido à conformidade POSIX da plataforma Cloud, qualquer aplicação que não seja Java funciona diretamente no SERVER sem sofrer alterações de código. Os conjuntos de ferramentas, utilitários personalizados e aplicações existentes estão prontos para funcionar desde o primeiro dia.

3. Multi-tenancy: Suporta vários grupos de utilizadores, todos e quaisquer conjuntos de dados empresariais e várias aplicações no mesmo cluster. Os modeladores de dados, os programadores e os analistas podem trabalhar em uníssono no mesmo cluster sem se prejudicarem uns aos outros.

4. Continuidade dos negócios: O SERVER fornece recursos integrados de alta disponibilidade (HA), proteção de dados e recuperação de desastres (DR) para proteger contra falhas de hardware e falhas em todo o site.

5,Elevada escalabilidade: A escalabilidade é fundamental para reunir todos os dados numa única plataforma, de modo a que as análises sejam muito mais matizadas e precisas. O SERVER é a única plataforma que pode ser escalada até um trilião a menos sem comprometer o desempenho.

6. Alto desempenho: A distribuição para a nuvem foi concebida para ter um elevado desempenho, tanto no que diz respeito ao elevado débito como à baixa latência. Além disso, é necessária uma fração de servidores para executar as distribuições Cloud, o que conduz à simplicidade da arquitetura e a menores despesas de capital e operacionais.

Capítulo 4

Modelação do sistema

4.1 Especificação dos requisitos de software

Consiste em informação, descrição comportamental e descrição funcional. É necessário desenvolver um software para controlar a segurança dos dados ao longo do trajeto. O nosso software também controla a autenticação. Um módulo irá tratar, incorporar, recuperar e apresentar utilitários.

4.1.1 Fases de conceção

Consiste em quatro fases

1 Conceção dos dados

2. Conceção arquitetónica

3. Conceção da interface

4. Conceção ao nível dos componentes

Conceção dos dados

- Transformar o modelo do domínio de informação criado durante a análise na estrutura de dados que será necessária para implementar o software.

- A relação entre os objectos de dados definida no diagrama ER e o conteúdo detalhado dos dados descrito no dicionário de dados constituem a base da atividade de conceção dos dados.

- A conceção dos dados pode ocorrer em conjunto com a conceção da arquitetura do software.

- Esta fase de conceção inclui a estrutura de dados, o objeto de dados, etc.

Conceção arquitetónica

- Define a relação entre os principais elementos estruturais do software.

- O "padrão de conceção" pode ser utilizado para alcançar os requisitos que foram definidos para as restrições do sistema que afectam a forma como o padrão de conceção arquitetónica pode ser aplicado.

- O quadro de representação da conceção arquitetónica de um sistema baseado em computador pode ser derivado da especificação do sistema.

- Esta fase de conceção inclui o diagrama do fluxo de dados, o diagrama do fluxo de controlo, etc.

O Model View Controller ou MVC, como é popularmente designado, é um padrão de conceção de software para o desenvolvimento de aplicações Web. Um padrão Model View Controller é composto pelas três partes seguintes:

Modelo - O nível mais baixo do padrão que é responsável pela atualização dos dados.

View (Visualização) - É responsável pela apresentação da totalidade ou de uma parte dos dados ao utilizador.

Controlador - Código de software que controla as interações entre o Modelo e a Vista.

O MVC é popular porque isola a lógica da aplicação da camada da interface do utilizador e suporta a separação de preocupações. Aqui, o controlador recebe todos os pedidos da aplicação e trabalha com o modelo para preparar os dados necessários para a visualização. A vista utiliza então os dados preparados pelo controlador para gerar uma resposta final apresentável. A abstração MVC pode ser representada graficamente da seguinte forma.

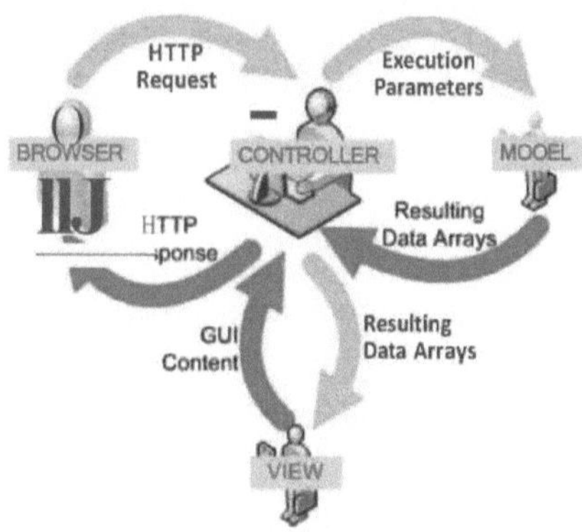

Figura 4.1: Arquitetura MVC

Conceção da interface

- Descreve a forma como o software comunica consigo próprio, com o sistema que interopera com ele e com os seres humanos que o utilizam.
- Implica um fluxo de informação e um tipo específico de comportamento.
- Por conseguinte, o diagrama de fluxo de controlo de dados fornece muitas das informações necessárias para a conceção da interface.

Conceção ao nível dos componentes

- Transforma elementos estruturais da arquitetura de software numa descrição processual de componentes de software.

- As informações obtidas a partir da PSPEC, CSPEC e STD servem de base para a conceção dos componentes.

A partir da descrição acima, o nosso projeto segue o modelo de conceção arquitetónica para a fase de conceção. O modelo de arquitetura inclui o diagrama de fluxo de dados e o diagrama ER.

4.1.2 Conceção do sistema

A conceção do sistema fornece a compreensão e os pormenores processuais necessários para a implementação do sistema. A tónica é colocada na tradução dos requisitos de desempenho. Requisitos em especificações de conceção. A tónica é colocada na implementação detalhada do sistema. A conceção passa pelas fases lógica e física do desenvolvimento. A conceção lógica analisa o sistema físico atual e prepara as especificações de entrada e saída. A conceção lógica pormenoriza o plano de implementação e prepara um percurso de conceção lógica.

A conceção física traça os pormenores do sistema físico, planeia a implementação do sistema, prevê um empréstimo para testes e implementação e especifica o novo hardware e software. As principais etapas da conceção do sistema incluem os seguintes passos.

O primeiro passo consiste em determinar o modo como os resultados devem ser produzidos e em que formato. São preparadas e apresentadas amostras de resultados. Em segundo lugar, os dados de entrada e os ficheiros principais devem ser concebidos para satisfazer os requisitos do resultado proposto. As fases operacionais são tratadas através da construção e teste do programa, incluindo uma lista dos códigos necessários para atingir os objectivos do sistema e a documentação completa.

4.2 Descrição do software

Java

- Java é uma linguagem de programação originalmente desenvolvida por James Gosling na Sun Microsystems (atualmente uma subsidiária da Oracle Corporation) e lançada em 1995 como um componente central da plataforma Java da Sun Microsystems. A linguagem deriva grande parte da sua sintaxe do C e do C + +, mas tem um modelo de objectos mais simples e menos facilidades de baixo nível. As aplicações Java são normalmente compiladas em código de bytes (ficheiro de classe) que pode ser executado em qualquer máquina virtual Java (JVM), independentemente da arquitetura do computador.

- Java é uma linguagem de uso geral, concorrente, baseada em classes e orientada para objectos, especificamente concebida para ter o menor número possível de dependências de implementação. Destina-se a permitir que os programadores de aplicações "escrevam uma vez, executem em qualquer lugar". Java é atualmente uma das linguagens de programação mais populares em uso, particularmente para aplicações Web cliente-servidor.

- Os compiladores Java originais e de referência, as máquinas virtuais e as bibliotecas de classes foram desenvolvidos pela Sun a partir de 1995. A partir de maio de 2007, em conformidade com as especificações do Java Community Process, a Sun relicenciou a maioria das suas tecnologias Java ao abrigo da GNU General Public License. Outros também desenvolveram implementações alternativas dessas tecnologias da Sun, como o

GNU Compiler for Java e o GNU Class path.

Plataforma Java

- Uma caraterística de Java é a portabilidade, o que significa que os programas de computador escritos na linguagem Java devem ser executados de forma semelhante em qualquer plataforma de hardware/sistema operativo. Isto é conseguido através da compilação do código da linguagem Java para uma representação intermédia denominada código de bytes Java, em vez de diretamente para código de máquina específico da plataforma. As instruções do código de bytes Java são análogas ao código de máquina, mas destinam-se a ser interpretadas por uma máquina virtual (VM) escrita especificamente para o hardware do anfitrião. Os utilizadores finais utilizam normalmente um Java Runtime Environment (JRE) instalado na sua própria máquina para aplicações Java autónomas, ou num navegador Web para applets Java. As bibliotecas normalizadas fornecem uma forma genérica de aceder a funcionalidades específicas do anfitrião, como gráficos, threading e redes.

- Uma das principais vantagens da utilização de código de bytes é a portabilidade. No entanto, a sobrecarga da interpretação significa que os programas interpretados são quase sempre executados mais lentamente do que os programas compilados para executáveis nativos. Os compiladores Just-in-Time foram introduzidos numa fase inicial, compilando códigos de bytes para código de máquina durante o tempo de execução. Tal como os servidores de aplicações, como o Glass Fish, fornecem serviços de ciclo de vida a aplicações Web, o contentor de tempo de execução Net Beans fornece-os a aplicações Swing.

- Os servidores de aplicações compreendem a forma de compor módulos Web, módulos EJB, etc., numa única aplicação Web, tal como o contentor de tempo de execução Net Beans compreende a forma de compor módulos Net Beans numa única aplicação Swing. A modularidade oferece uma solução para o "inferno JAR", permitindo que os desenvolvedores organizem seu código em módulos estritamente separados e com versões. Somente aqueles que declararam explicitamente dependências entre si podem usar o código dos pacotes expostos uns dos outros. Esta organização rigorosa é de particular relevância para grandes aplicações desenvolvidas por engenheiros em ambientes distribuídos, durante o desenvolvimento e a manutenção da sua base de código partilhada. Os utilizadores finais da aplicação também beneficiam, pois podem instalar módulos nas suas aplicações em execução, uma vez que a modularidade as torna conectáveis.

Java uma linguagem de alto nível

- Uma linguagem de programação de alto nível desenvolvida pela Sun Microsystems. Java chamava-se originalmente OAK e foi concebida para dispositivos portáteis e descodificadores. O Oak não teve êxito, pelo que, em 1995, a Sun alterou o nome para Java e modificou a linguagem para tirar partido da crescente World Wide Web.

- Java é uma linguagem orientada para objectos semelhante ao C++, mas simplificada para eliminar as caraterísticas da linguagem que causam erros de programação comuns. Os ficheiros de código-fonte Java (ficheiros com uma extensão .Java) são compilados num formato denominado código de bytes (ficheiros com uma extensão .class), que pode então ser executado por um interpretador Java.

- O código Java compilado pode ser executado na maioria dos computadores porque existem ambientes de interpretação e de execução Java, conhecidos como máquinas virtuais (VM) Java, para a maioria dos sistemas operativos, incluindo o UNIX, o Macintosh OS e o Windows. O código Byte também pode ser convertido diretamente em instruções de linguagem de máquina por um compilador Just-in-time (JIT). Java é uma linguagem de programação de uso geral com uma série de caraterísticas que a tornam adequada para utilização na World Wide Web. As pequenas aplicações Java são designadas por applets Java e podem ser descarregadas de um servidor Web e executadas no computador através de um navegador Web compatível com Java, como o Netscape Navigator ou o Microsoft Internet Explorer. O desenvolvimento de software orientado para objectos amadureceu significativamente durante os últimos anos. A convergência de técnicas e notações de modelação orientadas para objectos, o desenvolvimento de estruturas e padrões de conceção orientados para objectos e a evolução das linguagens de programação orientadas para objectos foram essenciais para o progresso desta tecnologia. Desenvolvimento de Software Orientado a Objectos usando Java: Principles, Patterns, and Frameworks contém um foco muito aplicado que desenvolve competências na conceção de software - particularmente na escrita de programas orientados para objectos bem concebidos e de média dimensão. Ele fornece uma cobertura ampla e coerente da tecnologia orientada a objetos, incluindo modelagem orientada a objetos usando a Linguagem de Modelagem Unificada (UML), design orientado a objetos usando Padrões de Design e programação orientada a objetos usando Java.

Feijões líquidos

- A plataforma Net Beans é uma estrutura reutilizável para simplificar o desenvolvimento de aplicativos de área de trabalho Java Swing. O pacote IDE Net Beans para Java SE contém o que é necessário para começar a desenvolver aplicativos baseados no plug-in Net Beans e na plataforma Net Beans; não é necessário nenhum SDK adicional. Os aplicativos podem instalar módulos dinamicamente.
- Qualquer aplicação pode incluir o módulo Update Center para permitir que os utilizadores da aplicação descarreguem actualizações assinadas digitalmente e novas funcionalidades diretamente para a aplicação em execução. A reinstalação de uma atualização ou de uma nova versão não obriga os utilizadores a descarregar novamente toda a aplicação. A plataforma oferece serviços reutilizáveis comuns às aplicações de ambiente de trabalho, permitindo que os programadores se concentrem na lógica específica da sua aplicação.

J2EE

Uma aplicação Java EE ou uma aplicação Java Platform, Enterprise Edition é qualquer unidade implementável da funcionalidade Java EE. Pode ser um único módulo Java EE ou um grupo de módulos empacotados num ficheiro EAR juntamente com um descritor de implantação de aplicação Java EE. As aplicações Java EE são normalmente concebidas para serem distribuídas por vários níveis de computação.

Servidor Wamp

Os WAMPs são pacotes de programas criados de forma independente, instalados em computadores que utilizam um sistema operativo Microsoft Windows. WAMP é um acrónimo formado a partir das iniciais do sistema operativo Microsoft Windows e dos principais componentes do pacote: Apache, MySQL e um dos PHP, Perl ou Python.

Apache

O Apache é um servidor Web. MySQL é uma base de dados de código aberto. O PHP é uma linguagem de script que pode manipular a informação contida numa base de dados e gerar páginas Web dinamicamente sempre que o conteúdo é solicitado por um browser. Outros programas podem também ser incluídos num pacote, como o phpMyAdmin, que fornece uma interface gráfica de utilizador para o gestor da base de dados MySQL, ou as linguagens de scripting alternativas Python ou Perl. Os pacotes equivalentes são o MAMP (para o Apple Mac) e o LAMP (para o sistema operativo Linux).

MySQL

O projeto de desenvolvimento do MySQL disponibilizou o seu código fonte sob os termos da GNU General Public License, bem como sob uma variedade de acordos de propriedade. O MySQL era propriedade e patrocinado por uma única empresa com fins lucrativos, a empresa sueca MySQL AB, atualmente propriedade da Oracle Corporation. Software em árvoreProjectos de código aberto que requerem um sistema de gestão de bases de dados completo utilizam frequentemente o MySQL. Para uso comercial, estão disponíveis várias edições pagas, que oferecem funcionalidades adicionais.

4.3 Modelo de processo

Existem os seguintes tipos de modelos de ciclo de vida

1. Modelo sequencial
2. Modelo de prototipagem
3. Modelo incremental
4. O modelo em espiral
5. Modelo RAD

De entre estes, escolhemos o modelo em espiral.

Vantagens do modelo em espiral

- Avalia os riscos e identifica-os.
- Ajuda a resolver o risco.
- Efectua o planeamento logo após a comunicação com o cliente.

Um modelo de processo para a engenharia de software é escolhido com base na natureza do projeto e da aplicação, nos métodos e ferramentas a utilizar e nos controlos e resultados que são necessários. Estamos a utilizar principalmente um "Modelo em Espiral" para o desenvolvimento do nosso IDE. O modelo em espiral combina a natureza iterativa da prototipagem com os aspectos controlados e sistemáticos do modelo seqüencial linear. Ele oferece o potencial para o desenvolvimento rápido de versões incrementais do software. Usando o modelo em espiral, o software é desenvolvido em uma série de versões incrementais.

Um modelo em espiral está dividido em várias actividades de enquadramento, também designadas por regiões de tarefas. Normalmente, são entre três e seis regiões de tarefas. São elas :-

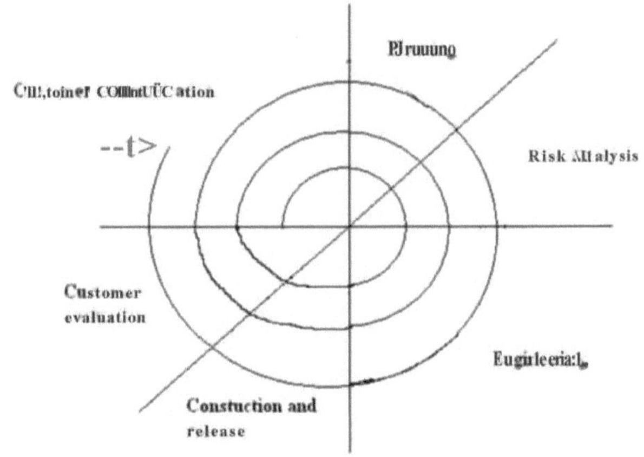

Figura 4.2: Modelo em espiral

- Comunicação com o cliente: tarefas necessárias para estabelecer uma comunicação eficaz entre o programador e o cliente.

- Planeamento: tarefas necessárias para definir recursos, calendários e outras informações relacionadas com o projeto.

- Análise de risco: tarefas necessárias para avaliar os riscos técnicos e de gestão.

- Engenharia: tarefas necessárias para construir uma ou mais representações das aplicações.

- Construção e lançamento: tarefas necessárias para construir, testar, instalar e fornecer os requisitos do utilizador (por exemplo, documentação e formação).

- Avaliação do cliente: tarefas necessárias para obter o feedback do cliente com base na avaliação das representações de software criadas durante a fase de engenharia e implementadas durante a fase de instalação.

Demos ênfase à utilização do modelo em espiral porque a sua natureza iterativa pode ajudar a construir um sistema de reconhecimento de voz eficiente e um computador operado por voz que satisfaça a sede dos utilizadores. Com cada fase de crescimento do nosso projeto, as alterações devem ser facilmente digeridas e deve ser desenvolvida uma aplicação bem fornecida. As fases que consistem em ensinar o agente a interpretar os nossos comandos de voz, a interação do agente, a recuperação de dados da biblioteca de controlo e a execução dos comandos implicam uma avaliação contínua e, por conseguinte, concluímos que nenhum outro modelo para além do modelo em espiral poderia cumprir este objetivo.

4.4 Diagrama de fluxo de dados

À medida que as informações passam pelo software, elas são modificadas por uma série de transformações. Um diagrama de fluxo de dados é uma representação gráfica que descreve o fluxo de informações e as transformações que são aplicadas à medida que os dados passam da entrada para a saída. O diagrama de fluxo de dados também é conhecido como gráfico de fluxo de dados ou gráfico de bolhas. O diagrama de fluxo de dados pode ser utilizado para representar um sistema ou software em qualquer nível de abstração. De facto, os DFDs podem ser divididos em níveis que representam o aumento do fluxo de informação e do detalhe funcional. Por conseguinte, o DFD proporciona um mecanismo para a modelação funcional, bem como para a modelação do fluxo de informação.

Nível ODFD Diagrama

Um DFD de nível O, também chamado de modelo de sistema fundamental ou modelo de contexto, representa todo o elemento de software como uma única bolha com dados de entrada e saída indicados por setas de entrada e saída, respetivamente. Processos adicionais (bolhas) e caminhos de fluxo de informação são representados à medida que o DFD de nível O é particionado para revelar mais detalhes.

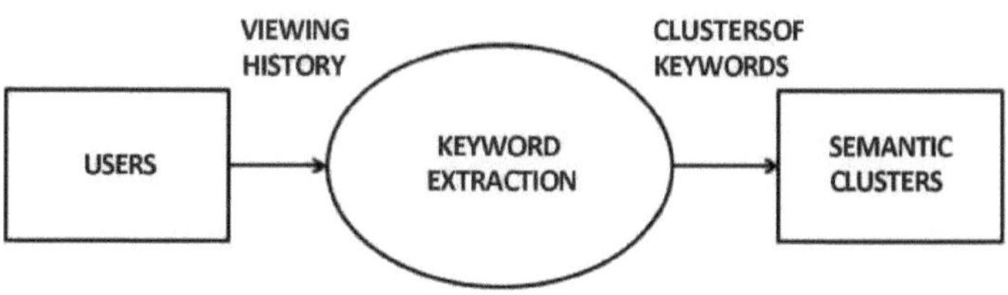

Figura 4.3: Diagrama DFD de nível O

Diagrama DFD de nível 1

Um DFD de nível 1 pode conter cinco ou seis bolhas com setas de interconexão. Cada um dos processos representados no nível 1 é uma subfunção do sistema global representado no modelo de contexto. Cada uma das bolhas pode ser refinada ou colocada em camadas para representar mais pormenores. Alguns símbolos gráficos utilizados.

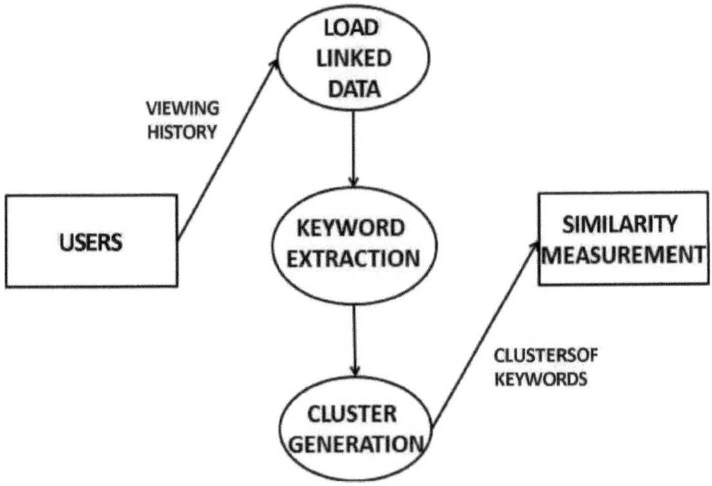

Figura 4.4: Diagrama DFD de nível 1

Diagrama DFD de nível 2

O DFD de nível 2 centra-se em cada um dos subprocessos de todos os processos mencionados no nível 1 do diagrama DFD. Cada uma das bolhas do nível 1 é renomeada para representar informações mais detalhadas.

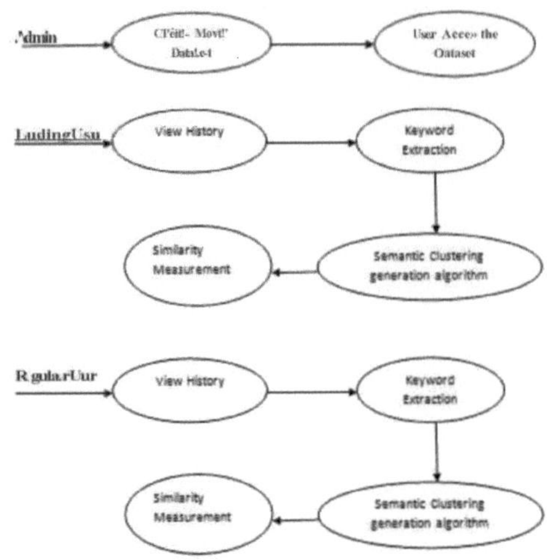

Figura 4.5: Diagrama DFD de nível 2

4.5 Diagrama UML

O modelo de design utiliza uma combinação de texto e formas diagramáticas para representar os requisitos de dados, função e comportamento de uma forma relativamente fácil de compreender e, mais importante, simples de rever quanto à correção, integridade e consistência. Por esse motivo, a UML inclui nove desses diagramas. Mas aqui incluímos os seguintes diagramas:

- Diagrama de casos de utilização
- Diagrama de classes
- Diagrama de sequência
- Diagrama de colaboração
- Diagrama de gráfico de estados
- Diagrama de actividades

Não necessitaremos de um diagrama de implantação, uma vez que este é basicamente elaborado a partir de sistemas que envolvem redes ou bases de dados. Os outros diagramas são os seguintes:

4.5.1 Diagrama de casos de utilização

Apresenta um conjunto de casos de utilização e actores. Os diagramas de casos de uso abordam a visão estática de casos de uso do sistema. Estes diagramas são especialmente importantes para organizar e modelar o comportamento de um sistema.

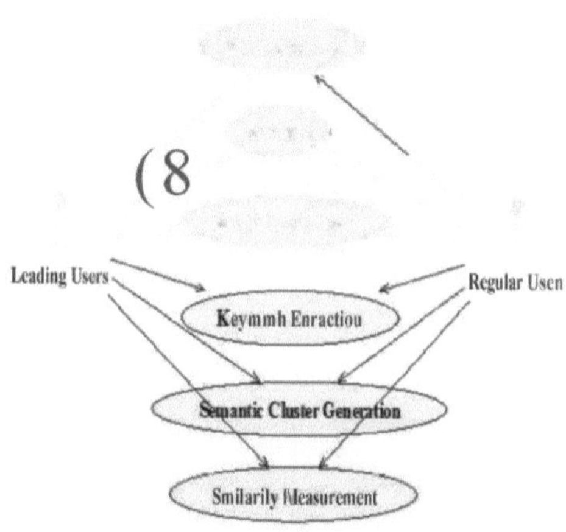

Figura 4.6: Diagrama de casos de uso

4.5.2 Diagrama de classes

Mostra um conjunto de classes, interfaces, colaborações e relações. Estes diagramas são os diagramas mais comuns encontrados na modelação de sistemas orientados para objectos. Os diagramas de classe abordam a visão de design estático do sistema.

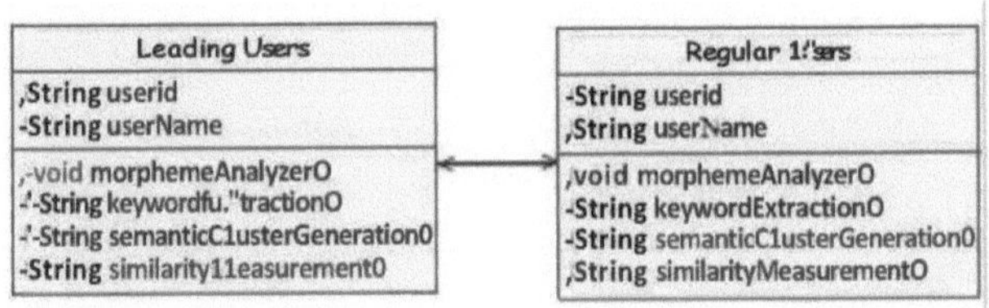

Figura 4.7: Diagrama de classes

4.5.3 Diagrama de sequência

Um diagrama de sequência é um diagrama de interação que enfatiza a ordenação temporal das mensagens. Um diagrama de interação mostra uma interação que consiste num conjunto de objectos e respectivas relações, incluindo mensagens que podem ser enviadas entre eles.

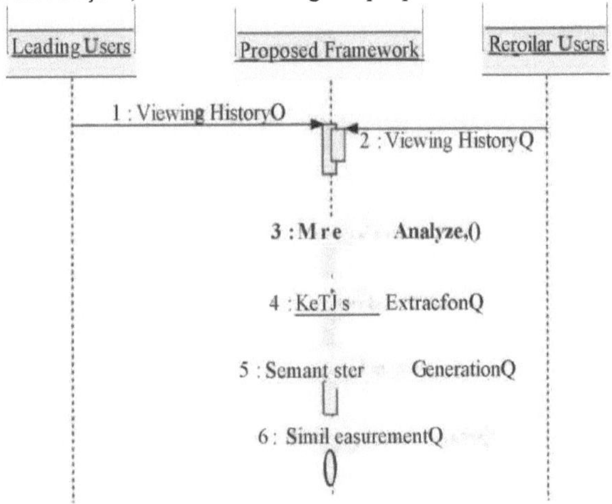

Figura 4.8: Diagrama de sequência

4.5.4 Diagrama de colaboração

É o segundo tipo de diagrama de interação. Um diagrama de colaboração é um diagrama de interação que enfatiza a organização estrutural dos objectos que enviam e recebem mensagens e não a ordenação temporal das mensagens.

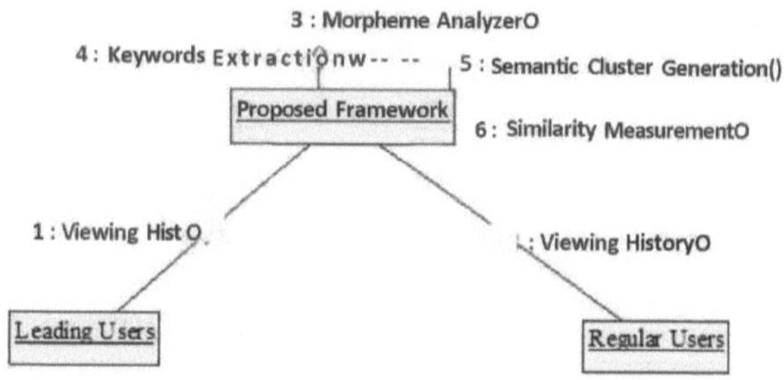

Figura 4.9: Diagrama de colaboração

4.5.5 Diagrama de actividades

Um diagrama de atividade é um tipo especial de diagrama de estado que mostra a passagem de uma atividade para outra dentro de um sistema. Os diagramas de atividade abordam a visão dinâmica de um sistema.

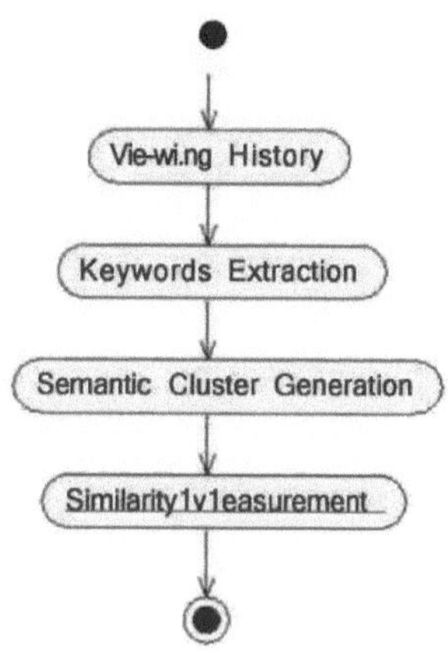

Figura 4.10: Diagrama de actividades

4.5.6 Diagrama de diagrama de estados

Um diagrama de gráfico de estados é um dos cinco diagramas UML utilizados para modelar a natureza dinâmica de um sistema. Definem diferentes estados de um objeto durante o seu tempo de vida e estes estados são alterados por eventos.

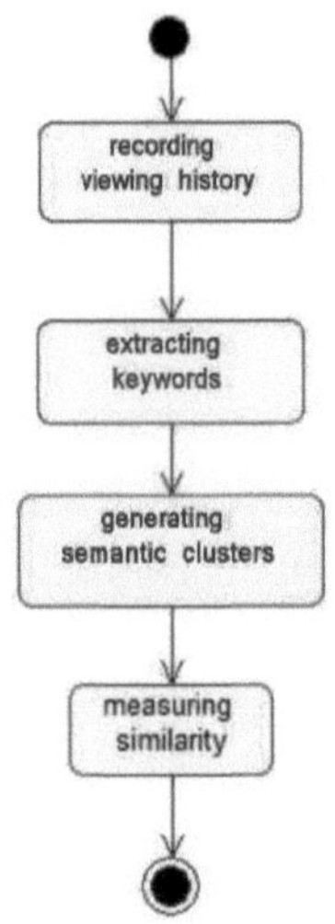

Figura 4.11: Diagrama de diagrama de estados

4.5.7 Diagrama de componentes

Um diagrama de componentes é um tipo especial de diagrama em UML. O seu objetivo também é diferente de todos os outros diagramas discutidos até agora. Ele não descreve a funcionalidade do sistema, mas descreve os componentes usados para criar essas funcionalidades.

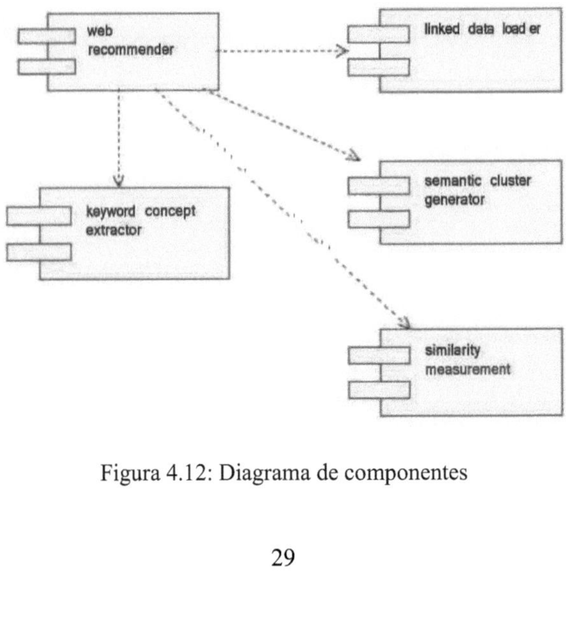

Figura 4.12: Diagrama de componentes

4.5.8 Diagrama de implantação

O diagrama de implantação é um diagrama de estrutura que mostra a arquitetura do sistema como implantação de artefactos de software em alvos de implantação. Os artefactos representam elementos concretos no mundo físico que são o resultado de um processo de desenvolvimento.

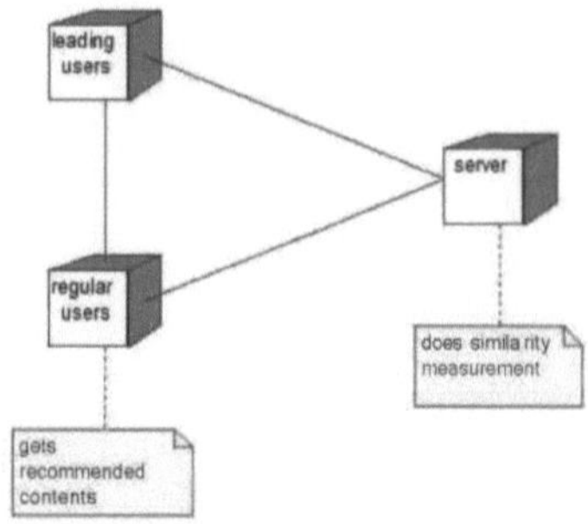

Figura 4.13: Diagrama de implantação

Capítulo 5

Codificação

5.1 Especificação do hardware

Tecnologia utilizada

- Língua:- Java

Requisito do sistema

. RAM mínima:-4 GB

. Disco rígido:-320 GB

- Processador:-Mínimo Pentium IV
- Sistema operativo:-Windows 7/8/10

5.2 Plataforma

O Microsoft Windows é uma meta-família de sistemas operativos gráficos desenvolvidos, comercializados e vendidos pela Microsoft. É constituída por várias famílias de sistemas operativos, cada uma das quais se destina a um determinado sector da indústria informática, estando o sistema operativo normalmente associado à arquitetura compatível com o IBM PC. As famílias Windows activas incluem o Windows NT, o Windows Embedded e o Windows Phone, que podem incluir subfamílias, por exemplo, o Windows Embedded Compact (Windows CE) ou o Windows Server. A Microsoft introduziu um ambiente operativo denominado Windows em 20 de novembro de 1985, como um sistema operativo gráfico para o MS-DOS, em resposta ao interesse crescente em interfaces gráficas de utilizador (GUis). Uma janela é uma área de visualização separada no ecrã de um computador num sistema que permite múltiplas áreas de visualização como parte de uma interface gráfica do utilizador (GUI). As janelas podem normalmente ser redimensionadas pelo utilizador. O sistema operativo mais utilizado para computadores de secretária e portáteis. Desenvolvido pela Microsoft, o Windows é executado principalmente em computadores baseados em x86, embora as versões tenham sido executadas em CPUs Itanium da Intel. Embora o Windows seja o sistema operativo dominante para computadores de secretária, o Linux é o principal sistema operativo para servidores.

5.2.1 Windows 7

O Windows 7 foi concebido principalmente como uma atualização incremental do sistema operativo, com o objetivo de resolver a fraca receção crítica do Windows Vista, mantendo a compatibilidade de hardware e software. O Windows 7 continuou a melhorar o Windows Aero (a interface de utilizador introduzida no Windows Vista) com a adição de uma barra de tarefas redesenhada que permite que as aplicações sejam "fixadas" na mesma, e novas funcionalidades de gestão de janelas. Foram adicionadas outras novas funcionalidades ao sistema operativo, incluindo bibliotecas, o novo sistema de partilha de ficheiros Home Group e suporte para introdução de dados multitoque. Foi também adicionada uma nova interface "Centro de Ação" para fornecer uma visão geral da segurança do sistema e informações de manutenção, e foram feitos ajustes ao sistema UserAccountControl para o tornar menos intrusivo. As janelas dos modems são normalmente envidraçadas ou cobertas por outro material transparente ou translúcido. Muitas janelas envidraçadas podem ser abertas, para permitir a ventilação, ou fechadas, para evitar as intempéries. As janelas têm frequentemente um trinco ou um mecanismo semelhante para fechar a janela. Os tipos de janela incluem a janela de sobrancelha, janelas fixas, janelas de guilhotina simples e dupla, janelas de guilhotina de correr horizontal, janelas de batente, janelas de toldo, janelas de funil, janelas basculantes (muitas vezes do tamanho de uma porta), janelas basculantes, janelas de travessa, janelas de luz lateral, janelas com venezianas ou persianas, janelas clerestórias, clarabóias, janelas de telhado, lanternas de telhado, janelas de sacada, janelas de sacada, janelas térmicas ou janelas Dioclecianas, janelas panorâmicas, janelas de saída de emergência, janelas com vitrais, janelas francesas e janelas com vidros duplos e triplos.

5.3 Linguagem de programação utilizada

Java é uma linguagem de programação originalmente desenvolvida por James Gosling na Sun Micro systems (atualmente uma subsidiária da Oracle Corporation) e lançada em 1995 como componente central da plataforma Java da Sun Micro systems. A linguagem deriva grande parte da sua sintaxe do C e do C++, mas tem um modelo de objeto mais simples e menos recursos de baixo nível. As aplicações Java são normalmente compiladas em código de bytes (classe le) que pode ser executado em qualquer máquina virtual Java (JVM), independentemente da arquitetura do computador. Java é uma linguagem de uso geral, concorrente, baseada em classes e orientada para objectos, especificamente concebida para ter o menor número possível de dependências de implementação. O seu objetivo é permitir que os programadores de aplicações escrevam uma vez e executem em qualquer lugar. Java é atualmente uma das linguagens de programação mais populares em uso, particularmente para aplicações Web cliente-servidor. Os compiladores Java originais e de referência, as máquinas virtuais e as bibliotecas de classes foram desenvolvidos pela Sun a partir de 1995. A partir de maio de 2007, em conformidade com a especificação do Java Community Process, a Sun voltou a licenciar a maioria das suas tecnologias Java ao abrigo da GNU General Public License. Outros também desenvolveram implementações alternativas dessas tecnologias da Sun, como o GNU Compiler for Java e o GNU Class path.

Uma caraterística de Java é a portabilidade, o que significa que os programas de computador escritos na linguagem Java devem ser executados de forma semelhante em qualquer plataforma de hardware/sistema operativo. Isto é conseguido através da compilação do código da linguagem Java para uma representação intermédia denominada código de bytes Java, em vez de diretamente para código de máquina específico da plataforma. As instruções do código de bytes Java são análogas ao código de máquina, mas destinam-se a ser interpretadas por uma máquina virtual (VM) escrita especificamente para o hardware do anfitrião. Os utilizadores finais utilizam normalmente um Java Runtime Environment (JRE) instalado na sua própria máquina para aplicações Java autónomas, ou num navegador Web para applets Java. As bibliotecas normalizadas proporcionam uma forma genérica de aceder a funcionalidades específicas do anfitrião, como gráficos, encadeamento e ligação em rede. Uma das principais vantagens da utilização do código de bytes é a portabilidade. No entanto, a sobrecarga da interpretação significa que os programas interpretados são quase sempre executados mais lentamente do que os programas compilados para executáveis nativos. Os compiladores Justin-Time foram introduzidos numa fase inicial, compilando códigos de byte para código de máquina durante o tempo de execução. Tal como os servidores de aplicações, como o Glass Fish, fornecem serviços de ciclo de vida a aplicações Web, o contentor de tempo de execução Net Beans fornece-os a aplicações Swing.

Capítulo 6

Ensaios

O teste de software é o processo de execução de um programa com o objetivo de encontrar erros no código. É um processo de evolução do sistema ou das suas partes, por meios manuais ou automáticos, para verificar se está ou não a satisfazer os requisitos especificados. Geralmente, nenhum sistema é perfeito devido a problemas de comunicação entre o utilizador e o programador, a limitações de tempo ou a erros conceptuais do programador. O objetivo do teste do sistema é verificar e descobrir estes erros ou falhas o mais cedo possível, para que se possam evitar perdas devidas a esses erros ou falhas. O teste é o processo fundamental para o sucesso do software. O teste não é uma fase distinta do ciclo de vida do desenvolvimento do sistema, mas deve ser aplicado em todas as fases, ou seja, na fase de desenvolvimento do projeto e na fase de manutenção. Os testes são utilizados para demonstrar a existência de erros e são considerados um êxito quando é detectado um erro. Preferimos efetuar o teste manual. O teste manual é um processo de teste efectuado manualmente para encontrar defeitos sem a utilização de ferramentas ou scripts de automatização. É preparado um documento de plano de teste que actua como um guia para o processo de teste, de modo a obter uma cobertura de teste completa. Os testes podem ainda ser divididos em testes funcionais e não funcionais. Nos testes funcionais, o testador verifica os cálculos, qualquer ligação na página ou qualquer outro campo que, com base numa determinada entrada, possa ter o resultado esperado. Os testes não funcionais incluem o desempenho, a compatibilidade e a adequação do sistema em teste, a sua segurança e usabilidade, entre outros aspectos.

6.1 Ensaios estáticos e dinâmicos

6.1.1 Ensaios estáticos

As técnicas de teste estático envolvem o exame da documentação dos projectos, do software e de outras informações sobre os produtos de software sem os executar. A técnica estática inclui tanto revisões (por exemplo, documentação) como análise estática do código.

Teste de caixa preta

O teste de caixa negra é um método de teste de software que examina a funcionalidade de uma aplicação sem penetrar nas suas estruturas ou funcionamento internos. Este método de teste pode ser aplicado a praticamente todos os níveis de teste de software: unidade, integração, sistema e aceitação. Normalmente, inclui a maioria, se não todos os testes de nível superior, mas também pode dominar os testes unitários. Os métodos de teste de caixa preta centram-se nos requisitos funcionais do software. São derivados conjuntos de testes que exercem plenamente todos os requisitos funcionais. Os testes de caixa negra revelam os seguintes tipos de erros

- Funções incorrectas ou em falta.
- Erros de interface.
- Erros nas estruturas de dados.

- Erros de desempenho.

- Erros de inicialização ou de terminação.

Os casos de teste são construídos em torno da especificação e dos requisitos, ou seja, do que é suposto a aplicação fazer. Os casos de teste são geralmente derivados de descrições externas do software, incluindo a especificação, os requisitos e os parâmetros de conceção. Embora os testes utilizados sejam principalmente de natureza funcional, podem também ser utilizados testes não funcionais. O designer do teste seleciona entradas válidas e inválidas e determina a saída correta, muitas vezes com a ajuda de um oráculo ou de um resultado anterior que se sabe ser bom, sem qualquer conhecimento da estrutura interna do objeto de teste.

6.1.2 Ensaios dinâmicos

Testes que envolvem a execução do software de um componente ou sistema.
Teste de caixa branca
O teste da caixa branca é um método de teste que se baseia no exame atento dos pormenores processuais. O teste de caixa branca (também conhecido como teste de caixa clara, teste de caixa de vidro, teste de caixa transparente e teste estrutural) é um método de teste de software que testa as estruturas internas ou o funcionamento de uma aplicação, em oposição à sua funcionalidade (ou seja, teste de caixa preta). Nos testes de caixa branca, é utilizada uma perspetiva interna do sistema, bem como competências de programação, para conceber casos de teste. O testador escolhe entradas para exercitar caminhos através do código e determinar as saídas apropriadas. Isto é análogo ao teste de nós num circuito, por exemplo, o teste em circuito (ICT). Os testes de caixa branca podem ser aplicados aos níveis unitário, de integração e de sistema do processo de teste de software. Embora os testadores tradicionais tendam a pensar que os testes de caixa branca são efectuados ao nível da unidade, atualmente são mais frequentemente utilizados para testes de integração e de sistema. Pode testar caminhos dentro de uma unidade, caminhos entre unidades durante a integração e entre subsistemas durante um teste ao nível do sistema. Embora este método de conceção de testes possa revelar muitos erros ou problemas, tem o potencial de não detetar partes não implementadas da especificação ou requisitos em falta. Nos testes de caixa branca, os casos de teste são derivados para:

- Examinar todos os caminhos independentes dentro de um módulo.

- Exercitar todos os caminhos lógicos com os seus lados verdadeiro e falso.

- Execução de todos os loops dentro dos seus limites e dentro dos limites operacionais.

- Exercitar as estruturas de dados internas para garantir a sua validade.

6.2 Plano e método de teste

Definição do plano de teste

Um plano de teste de software é um documento que descreve o âmbito e as actividades do teste. É a base para testar formalmente qualquer software/produto de um projeto.

Definição do ISTQB

- Plano de teste: Um documento que descreve o âmbito, a abordagem, os recursos e o calendário das actividades de teste pretendidas. Identifica, entre outros, os itens de teste, as caraterísticas a testar, as tarefas de teste, quem fará cada tarefa, o grau de independência do testador, o ambiente de teste, as técnicas de conceção do teste e os critérios de entrada e saída a utilizar, bem como a justificação para a sua escolha, e quaisquer riscos que exijam um plano de contingência. É um registo do processo de planeamento do teste.
- Plano de teste principal: Um plano de teste que normalmente aborda vários níveis de teste.
- Plano de teste de fase: Um plano de teste que normalmente aborda uma fase de teste.

Tipos de planos de teste

Podem existir os seguintes tipos de planos de teste:

- Plano de teste mestre: Um único plano de teste de alto nível para um projeto/produto que unifica todos os outros planos de teste. Planos de teste específicos por nível de teste: Planos para cada nível de teste.
- Plano de teste unitário
- Plano de teste de integração
- Plano de teste do sistema
- Plano de teste de aceitação

Modelo de plano de teste

O formato e o conteúdo de um plano de teste de software variam consoante os processos, as normas e as ferramentas de gestão de testes que estão a ser implementadas. No entanto, o seguinte formato, que se baseia na norma IEEE para documentação de teste de software, fornece um resumo do que um plano de teste pode/deve conter.

- Identificador do plano de teste: Fornecer um identificador único para o documento. (Siga o Sistema de Gestão da Configuração, caso exista). Forneça uma visão geral do plano de teste. Especificar as metas/objectivos. Especificar eventuais restrições.
- Itens de teste: Enumerar os elementos de teste [software/produtos] e as suas versões.
- Caraterísticas a testar: Enumerar as caraterísticas do software/produto a testar. Fornecer referências aos requisitos e/ou às especificações de conceção das caraterísticas a testar
- Caraterísticas que não serão testadas: Enumerar as caraterísticas do software/produto que não serão testadas. Especifique as razões pelas quais estas caraterísticas não serão testadas.
- Abordagem: Mencionar a abordagem global dos testes. Especifique os níveis de teste [se se tratar de um plano de teste principal], os tipos de teste e os métodos de teste [manual/automatizado; caixa branca/caixa preta/caixa cinzenta]
- Critérios de aprovação/reprovação do item: Especificar os critérios que serão utilizados para determinar se cada item de teste [software/produto] foi aprovado ou reprovado nos testes.

Critérios de suspensão e reinício

- Requisitos: Especificar os critérios a utilizar para suspender a atividade de teste. Especificar as actividades de teste que devem ser refeitas quando o teste for retomado.
- Ambiente de teste: Especificar as propriedades do ambiente de teste: hardware, software, rede, etc. Enumerar quaisquer ferramentas de teste ou relacionadas.
- Estimativa: Apresentar um resumo das estimativas dos testes [custo ou esforço] e/ou fornecer uma ligação para a estimativa pormenorizada.
- Calendário: Apresentar um resumo do calendário, especificando as principais etapas do teste, e/ou fornecer uma ligação para o calendário pormenorizado.
- Necessidades de pessoal e de formação: Especificar as necessidades de pessoal por função e competências exigidas. Identificar a formação necessária para adquirir essas competências, se ainda não as tiver adquirido.
- Responsabilidades: Enumerar as responsabilidades de cada equipa/função/indivíduo.
- Riscos: Enumerar os riscos que foram identificados. Especificar o plano de atenuação e o plano de contingência para cada risco.
- Pressupostos e Dependências: Enumerar os pressupostos que foram adoptados durante a preparação do presente plano.
- Aprovações: Especificar os nomes e funções de todas as pessoas que devem aprovar o plano. Prever espaço para assinaturas e datas

Casos de teste

ID	Name/Idea	Expected Results	Status
TC1	Check log-in form UI elements	All elements are OK	Pass
TC2	Authorization with empty fields	Displayed Error Message	Fail
TC3	Correct Authorization	Log in successful	Pass
TC4	Incorrect Authorization with wrong username	Displayed Error Message	Pass
TC5	Incorrect Authorization with wrong password	Displayed Error Message	Pass

Tabela 6.1: Casos de teste

6.2.1 Instantâneos de tempo de execução

1. Página de início de sessão:

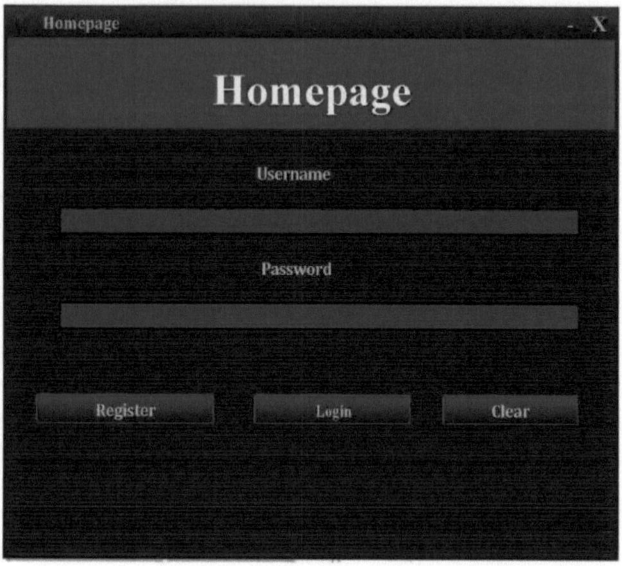

Figura 6.1: Página de início de sessão

2. Início de sessão do administrador:

Figura 6.2: Início de sessão do administrador

3. Adicionar detalhes do filme à base de dados:

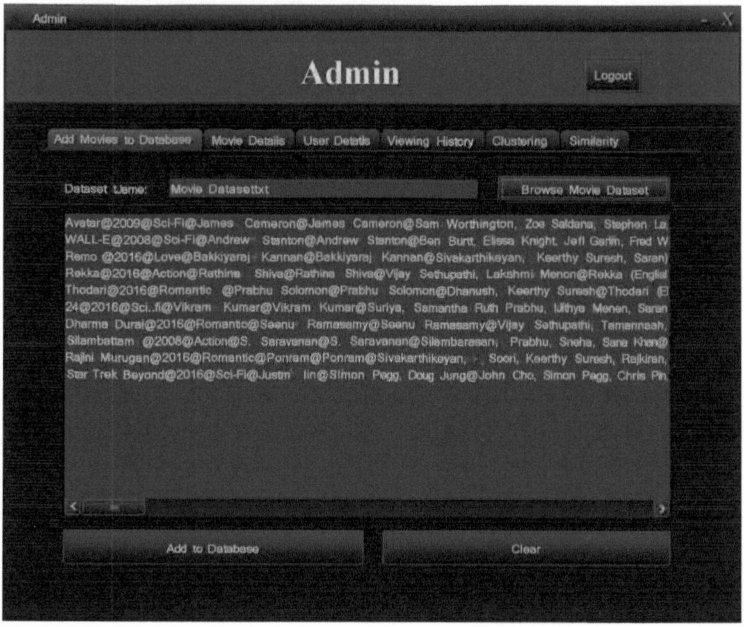

Figura 6.3: Adicionar detalhes do filme à base de dados

4. Ver detalhes do filme:

Figura 6.4: Ver detalhes do filme

5. Ver detalhes do utilizador:

Figura 6.5: Ver detalhes do utilizador

6. Ver o histórico de visualizações dos utilizadores:

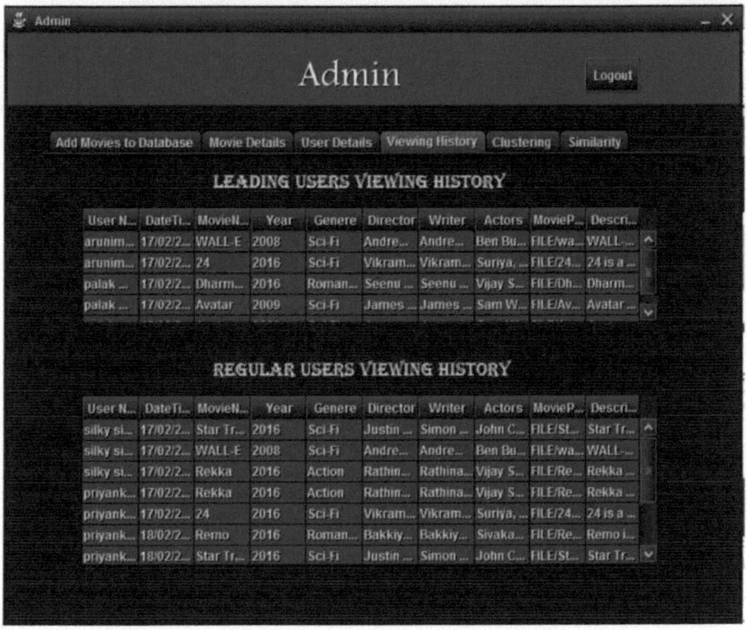

Figura 6.6: Ver o histórico de visualizações dos utilizadores

7. Gerar os clusters do histórico de visualizações:

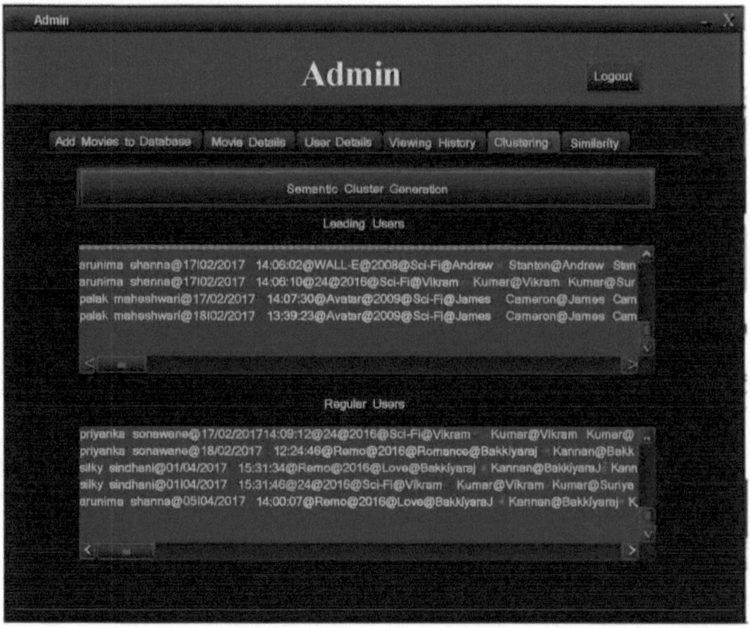

Figura 6.7: Gerar os clusters do histórico de visualizações

8. Gerar a medida de similaridade entre os clusters:

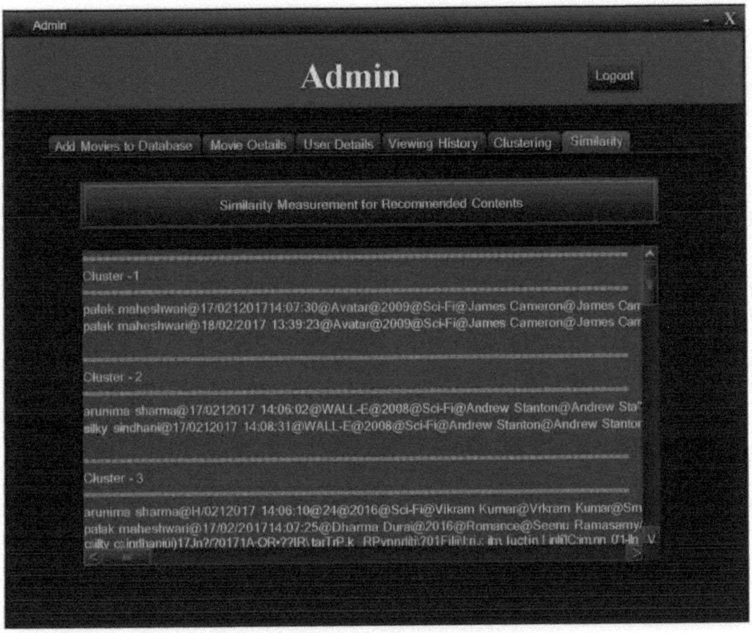

Figura 6.8: Gerar a medida de similaridade entre os clusters

9. Quadro de início de sessão do utilizador regular:

Figura 6.9: Moldura de início de sessão do utilizador regular

Capítulo 7

Conclusão

7.1 Conclusão

Neste projeto, é apresentada uma nova abordagem de recomendação de conteúdos potencialmente interessantes para os utilizadores, utilizando agrupamentos semânticos gerados a partir do histórico de visualizações de cada utilizador. A informação do conteúdo é enriquecida com os clusters semânticos, associando o conteúdo aos conceitos relevantes que são recuperados a partir de dados ligados. Esta abordagem encontra e recomenda conteúdos potencialmente interessantes com base na semelhança semântica entre as tendências de consumo de conteúdos dos principais grupos de utilizadores e dos utilizadores em geral. Os utilizadores são classificados como utilizadores principais e utilizadores regulares com base nas tendências de consumo de conteúdos dos utilizadores. Os utilizadores que visualizam uma grande quantidade de dados num período de tempo específico são classificados como utilizadores principais e os restantes são designados por utilizadores regulares.

Bibliografia

[1] A Survey On On Ontology Based Web Personalization, KiranJammalamadaka, I V SrinivasIJRET: International Journal of Research in Engineering and Technology eISSN: 2319-1163 - pISSN: 2321-7308, Volume: 02 Issue: 10 Oct-2013.

[2] F. Abel, E. Herder, G.-J. Houben, N. Henze e D. Krause. Cross-system User Modeling and Personalization on the Social Web. Modelação do utilizador e interação adaptada ao utilizador, 23(2-3): 169-209, 2013.

[3] Abordagens de Personalização da Web: A Survey, K. Sridevil And Dr. R. Umarani, International Journal of Advanced Research in Computer and Communication EngineeringVol. 2, Issue 3, March 2013.

[4] Bhaganagare Ravishankar, DharmadhikariDipa, "Web Personalization Us ing Ontology: A Survey", IOSR Journal of Computer Engineering (IOS- RJCE) ISSN : 2278-0661 Volume 1, Issue 3 (May-June 2012), PP 37-45 www.iosrjournals.org.

[5] ChhaviRana, "Trends in Web Mining for Personalization", IJCST Vol. 3, Issue 1, Jan. - março 2012.

[6] K. Das, O. P. Vyas, Questões de aprendizagem da linguagem de navegação. International Jounal of Computer Applicatons(0975- 8887) Vol 4-no 5, Jan 2011.

[7] K. Das, O. P. Vyas, C. H. Cap e S. Gutschmidt, Adequação da mineração de uso da Web para sindicação de conteúdo da Web. Actas da Conferência Nacional; INDIACom-2009 Computação para o Desenvolvimento da Nação, 26-27 de fevereiro de 2009, Instituto Bharati Vidyapeeths de Gestão de Aplicações Informáticas, Nova Deli.

[8] R. Baumgartner, W. Gatterbauer, and G. Gottlob. Sistema de extração de dados da Web. Encyclopedia of Database Systems, páginas 3465-3471, 2009.

[9] S. Aranganayagi, K. Thangavel, Improved K-Modes for Categorical Clustering Using Weighted Dissimilarity Measure. Revista Internacional de Informação e Ciências Matemáticas 5:2 2009.

[10] A. Gutschmidt, C. H. Cap, F. W. Nerdinger, Paving the Path to Automatic User Task Identification. Workshop sobre Conhecimento de Senso Comum e Interfaces Orientadas para Objectivos na Conferência Internacional sobre Interfaces Inteligentes do Utilizador 2008.

[11] M. Kellar, C. Watters, e M. Shepherd, O Impacto da Tarefa no Uso do Impacto da Navegação do Navegador Web. Proc, of Graphics Interface 2006- portal.acm.org.

[12] M. Kellar, C. Watters, and M. Shepherd, A Goal based Classification of Web Information Tasks. Proc. Of ASIST 2006.

[13] M. Eirinaki, M. Vazirgiannis, Web Mining for Web Personalization. ACM transactions on Internet Technology, Vol. 3, No. 1, Feb 2003 pp. 1-27.

[14] 10. D. Pierrakos, G. Paliouras, Papatheodorou, C. D. Spyropoulos, Web Usage Mining as a tool for Personalization: A Survey. User Modeling and User-Adapted Interaction Volume 13, Número 4, 311-372, 2003.

[15] H. Ma, H. Yang, M. R,. Lyu, e I. King, "Sorec: social recommendation using probabilistic matrix factorization," in Proceedings of the 17th ACM conference on Information and knowledge management, 2008, pp. 931-940.

[16] B. Xu, J. Bu, C. Chen, e D. Cai, "An exploration of improving collaborative recommender

systems via user-item subgroups," in Proceedings of the 21st international conference on World Wide Web, 2012, pp. 21-30.

[17] X. Zhang, J. Cheng, T. Yuan, B.Niu e H. Lu, "TopRec: domainspecific recommendation through community topic mining in social network", Actas da 22.ª conferência internacional sobre a World Wide Web, 2013, pp. 1501-1510.

FSC
www.fsc.org
MIX
Papier aus verantwortungsvollen Quellen
Paper from responsible sources
FSC® C105338

Printed by Books on Demand GmbH, Norderstedt / Germany